Michael Weischede

Gutes und verständliches Deutsch für den Alltag

Ein kleiner Schreibratgeber

Herstellung und Verlag
BoD - Books on Demand, Norderstedt

ISBN
9783842326682

© **2010 Michael Weischede**

2. verbesserte Auflage 2016

Bibliografische Information der Deutschen Nationalbibliothek
Die Deutsche Nationalbibliothek verzeichnet diese Publikation in der
Deutschen Nationalbibliografie; detaillierte bibliografische Daten sind im
Internet über http://dnb.d-nb.de abrufbar.

Der Einstieg

Dieser kleine Ratgeber möchte Ihnen helfen, so zu schreiben, dass der Leser Ihre Texte leicht und schnell versteht. Es geht hier also nicht um Prosatexte oder um Dichtung, sondern um Verständnis und Richtigkeit. Sprachliche Schönheit und Eleganz spielen nur dann eine Rolle, wenn sie helfen, dieses Ziel zu erreichen. Auch wenn sich der Ratgeber in vielen Fällen auf die typischen journalistischen Schreibformen Nachricht und Bericht bezieht, gelten die vorgestellten Schreibhilfen generell für alle Textformen. Zum Thema E-Mail, heute wahrscheinlich das am meisten genutzte Schreibmedium, finden Sie am Ende des Ratgebers ein eigenes Kapitel.

Niemand ist perfekt

Der wichtigste Ratschlag zuerst: Lassen Sie Ihre Texte immer gegenlesen. Niemand schreibt 100-prozentig fehlerfrei und die eigenen Fehler übersieht man bekanntlich am häufigsten – ganz wie im echten Leben. Bevor Sie einen Text endgültig aus der Hand geben, sollten Sie deshalb immer von jemand anderem prüfen lassen, ob er Fehler oder Unstimmigkeiten hinsichtlich Inhalt, Stil, Grammatik und Rechtschreibung aufweist. Selbst wenn derjenige, der gegenliest, nicht zur Zielgruppe des Artikels gehört, wird er häufig noch heikle Textstellen oder echte Fehler finden, die Sie selbst übersehen haben. Eine dritte Meinung kann im Übrigen auch nicht schaden!

Scheuklappen ablegen

Seinen eigenen Wissens- und Interessenhorizont hat ein Autor immer klar vor Augen – nicht aber den des Lesers. Was dieser über ein Thema bereits weiß, was er an einem Thema interessant findet, wo er zusätzliche Informationen benötigt und was ihn letztlich zum Lesen animiert, das liegt meist im Verborgenen. Mein erster Ratschlag lautet deshalb: Legen Sie den Spiegel aus der Hand und sehen Sie sich stattdessen Ihre Zielgruppe oder

Ihre Zielperson ganz genau an. Schreiben Sie Ihre Texte hinsichtlich Tiefe, Umfang, Schwierigkeitsgrad usw. ausschließlich mit Blick auf Ihren Leser. Achten Sie außerdem darauf, eine funktionale Sprache zu wählen, die sich auf den Transport der Nachricht beschränkt. Sprachliche Schönheit und Eleganz sollten Sie nur im Dienste dieser Aufgabe einsetzten, z. B. um Langeweile zu vermeiden, nicht aber zur Selbstverwirklichung Ihrer musischen Ambitionen.

Schreiben ist eine Einbahnstraße

Mit der schriftlichen Kommunikation beschreitet man in der Regel eine Einbahnstraße. Es besteht immer die Gefahr, dass der Leser den Text anders versteht, als es der Autor beabsichtigt hat. Und schlimmer noch: Autor und Leser können selbst nicht einmal feststellen, ob sie sich missverstanden haben oder nicht. Damit entfällt auch jede Korrekturmöglichkeit. Grundsätzlich sollte ein Text deshalb immer alle wesentlichen Informationen enthalten, auch auf die Gefahr hin, dass der Leser bestimmte Sachverhalte schon kennt. Um zu vermeiden, dass Sie den Leser nun mit Altbekanntem langweilen, müssen Sie sehr genau nachforschen, was Sie bei Ihrem Leser als bekannt voraussetzen können. Wenn Sie sich trotzdem unsicher sind, können Sie einen Teil der Informationen auch aus dem Haupttext herausziehen – zum Beispiel durch einen Kasten, einen Zusatz am Ende des Textes oder einen Hinweis auf einen anderen Artikel, Brief oder Ähnliches.

Um sicher zu stellen, dass der Text alle wesentlichen Informationen enthält, hilft es, sich die Sieben Ws des journalistischen Schreibens vor Augen zu halten, die in dieser oder ähnlicher Form in fast allen Schreibratgebern auftauchen:

- Wer
- Was
- Wo
- Wie
- Wann
- Warum/Wozu
- Welche Quelle

Gibt der Text Antworten auf diese Fragen, sollte das die gröbsten Missverständnisse vermeiden. Die Reihenfolge bei der Beantwortung spielt dabei keine Rolle, sie hängt vom Inhalt des Artikels ab.

Um zu verhindern, dass Ihr Leser ausgerechnet den wichtigsten Punkt Ihres Textes überliest, sollten Sie sich bei Ihren Texten darüber hinaus an den formalen Aufbau einer Zeitungs- bzw. Agenturnachricht halten: Das Wichtigste muss im ersten Satz stehen, danach geht es mit abnehmender Wichtigkeit weiter bis zum Ende. So erfahren auch mailgeschädigte Lesemüde Ihre Kernbotschaft und bei der Weiterverarbeitung der Nachricht kann z. B. ein Redakteur schnell und einfach kürzen.

Bei längeren Texten wie zum Beispiel Berichten, die ausführlicher sind als Nachrichten und auch Hintergrundinformationen liefern, gilt das Aufbauprinzip der Nachricht für die jeweiligen Absätze.

Ein- oder Ausstieg

Journalistische Berichte enthalten in der Regel einen Ein- und Ausstieg. Ob Sie diese auch für andere Textarten nutzen wollen, liegt bei Ihnen. In jeden Fall wirken Texte mit Ein- und Ausstieg nicht so langweilig und signalisieren gegenüber dem Leser eine gewisse Wertschätzung: Hier hat sich jemand extra Mühe gemacht und leiert nicht nur schnell, schnell die Fakten herunter. Auf der anderen Seite empfindet mancher Adressat so etwas vielleicht als überflüssiges Blabla, beispielsweise in einer E-Mail. Hier müssen Sie sich im Einzelfall selbst entscheiden, wie Sie vorgehen wollen.

Generell gilt für Einstiege, dass sie den Leser neugierig machen und zum Lesen ermuntern sollen. Beliebt sind beispielsweise der:

Zitat-Einstieg

„Ich kann das alles nicht mehr hören", sagte Bundeskanzler Mürkel nach der Eröffnungsrede.

Neuheiten-Einstieg

Das in der letzten Woche von der Regierung Mürkel beschlossene Gesetz wird weitreichende Folgen haben.

Szenische-Einstieg

Bundeskanzler Mürkel kratzt sich mit seinem Bleistift an der Stirn, rutscht auf seinem Stuhl herum und blättert schließlich gelangweilt in den vor ihm liegenden Akten.

Schock-Einstieg

100.000 Euro wird jeder deutsche Steuerzahler in seinem Leben zusätzlich an den Fiskus abtreten müssen. Diese Zahlen nannte Bundeskanzler Mürkel in seiner Grundsatzrede vor dem Bundestag.

Fragezeichen-Einstieg

Warum überhaupt Genforschung? Hat die Natur nicht bessere Lösungen parat? Diesen und anderen Fragen wird sich Bundeskanzler Mürkel in der Ausschusssitzung stellen müssen.

Daneben gibt es noch den Bildhaften-Einstieg, den Stimmungshaften-Einstieg, den Pointierten-Einstieg, den Überraschenden-Einstieg, den Wertenden-Einstieg usw. Letztlich haben Sie an dieser Stelle die freie Wahl, solange Sie es schaffen, den Leser mit Ihrem Einstieg in den Text hineinzuziehen. Insofern kann es nützlich sein, einen guten Einstieg auch in E-Mails, Thesenpapieren oder anderen Texten zu verwenden.

Während es sich beim Einstieg um den ersten und wichtigsten Satz eines journalistischen Artikels handelt, ist der Schlusssatz der letzte und zweitwichtigste. Er soll den Text abrunden, ihm ein würdiges Ende bereiten. Sparen Sie sich zum Beispiel eine unerwartete Gegenmeinung, ein abschließendes Zitat, eine überraschende Wendung oder eine wichtige Schlussfolgerung bis zuletzt auf.

Durch regelmäßige Lektüre fremder Artikel und Texte entwickeln Sie ein Gefühl dafür, welche Ein- bzw. Ausstiege zeitgemäß sind. Der Zitat-Einstieg wird beispielsweise sehr häufig genutzt und man kann ihn sicher nicht mehr als wirklich originell bezeichnen – was noch lange nicht bedeutet, dass er für manche Texte nicht doch am besten passt.

Überblick behalten

Wie weiter oben bereits ausgeführt, sollte ein Text oder Artikel umfassend informieren, ohne den Leser mit bereits bekannten Dingen zu langweilen. Falls Sie für eine sehr verschiedenartige Zielgruppe schreiben oder Sie nicht wissen, was Sie bei Ihren Lesern als bekannt voraussetzen können, helfen Ihnen Kästen, Boxen oder Grafiken. Damit können Sie komplizierte oder eventuell bekannte Informationen herausziehen und den Fließtext attraktiver machen. Auch lange Zahlenreihen, Nebenaspekte oder knifflige Erklärungen gehören nicht in den Haupttext, weil sie meist den Textfluss zerstören. Außerdem machen Kästen, Boxen oder Grafiken den Artikel abwechslungsreicher, da sie ihn inhaltlich und optisch auflockern. Allerdings sollte man keine Aspekte aus dem Fließtext herausnehmen, die für die Argumentationskette des Textes notwendig sind.

Falsch:
Die PH-Versicherung kostet 2,95 Euro für 20-jährige Personen, 3,95 Euro für 30-jährige Personen, 4,95 Euro für 40-jährige Personen und 7,95 Euro für 70-jährige Personen.

Richtig:
Die PH-Versicherung gibt es ab 2,95 Euro (siehe Grafik).

Der Text vor dem Text

Bei längeren Texten bietet es sich an, dem Leser als „Dienstleistung" eine Zusammenfassung des Inhalts zu bieten. Sie soll das Wichtigste, Interessanteste, das Aufregendste, das Neueste enthalten – und das möglichst kurz. Denn die Zusammenfassung soll nicht den ganzen Text vorerzählen. Es handelt sich hierbei um einen eigenständigen Text und nicht etwa um den Anfang des Haupttextes oder im redaktionellen Bereich um eine Ergänzung zum Titel. Nichtsdestotrotz darf die Zusammenfassung inhaltlich und stilistisch keinen abschließenden Charakter haben: Der Leser soll schließlich einen Anreiz zum Weiterlesen haben.

Klar und logisch gliedern

Außer bei sehr kurzen Texten, sollten Sie sinnvollerweise Kapitel- bzw. Zwischenüberschriften verwenden. Diese greifen das Wesentliche schlagwortartig auf und strukturieren so den Text. Blickverlaufsuntersuchungen haben gezeigt, dass viele Leser am Ende eines Abschnitts den Text beiseite legen. Optisch hervorgehobene und inhaltlich attraktive Zwischentitel bilden einen Anreiz, doch wieder in den nächsten Abschnitt einzusteigen. Beachten Sie, dass Kapitel- bzw. Zwischenüberschriften immer die gleiche Länge (besser Kürze) und stilistische Struktur besitzen sollten.

Falsch:
Belagerung
Besatzer kämpfen gegen erbitterten Widerstand
Warum flüchteten die Bewohner?

Richtig:
Belagerung
Erbitterter Widerstand
Flucht der Bewohner

oder auch:
Wie funktioniert die neue Maschine?
Kann ich etwas kaputt machen?
Wo erhalte ich weitere Informationen?

Absätze geben Überblick

Bieten Sie Ihren Lesern den Text in (sinnvollen) Häppchen an. Je länger die Absätze, desto eher wird der Leser während des Lesens abspringen – also lieber einen Absatz mehr als einen weniger einbauen. Das gilt insbesondere für elektronische Medien, da das Lesen am Bildschirm in der Regel schwieriger ist als vom Papier. Setzen Sie Absätze dabei nach inhaltlichen Kriterien (neuer Aspekt, ein Zitat, neues Argument). Ein einzelner Satz ist in der Regel kein Absatz – so wie aneinander gereihte Sätze nicht automatisch einen Text bilden.

Kleine Satzkunde

Kurz und verständlich

Verwenden Sie kurze, abwechslungsreiche Sätze und vor allem keine Schachtelsätze. Jeder Leser (und auch dessen vierjährige Tochter) sollte den Satz beim ersten Lesen verstehen können. Allerdings dürfen Sie auch nicht in das andere Extrem fallen und eine abgehackte Werbesprache ohne Prädikat und Subjekt benutzen:

Falsch:
Autohaus Mürkel – echt gut. Spitzenautos für jedermann. Garantiert Geld zurück.

Wenn der Leser einen Satz zweimal lesen muss, um ihn zu verstehen – was er nicht unbedingt tun wird – ist er nicht dumm, sondern der Autor faul!

Neben Punkt und Komma bietet die deutsche Zeichensetzung übrigens noch weitere Möglichkeiten zur Satzgestaltung:

- Das Semikolon wirkt stärker als das Komma, aber schwächer als der Punkt.
- Der Doppelpunkt kann nicht nur vor wörtlicher Rede stehen, sondern auch vor Zusammenfassungen oder Schlussfolgerungen.
- Der Gedankenstrich kann Unerwartetes ankündigen oder einen Wechsel des Themas markieren.

Mäßig kurz und mäßig lang

Kurze Sätze kann der Leser leichter verstehen und besser lesen als lange Sätze – jedenfalls als solche Sätze, die verschachtelt und überfrachtet sind. Das Optimum an eingängigem und attraktivem Deutsch lässt sich durch einen lebhaften Wechsel von mäßig kurzen und mäßig langen Sätzen erzielen. Um das zu erreichen, beherzigen Sie bitte folgende Tipps:

- Reihen Sie keine Relativsätze aneinander:
  Der Mann, der an der Wand, die fast in sich zusammenfiel, lehnte, rauchte.

- Vermeiden Sie sperrige oder verwirrende Partizipien:
  Vom Markt kommend, begrüßte sie auf der Straße ein Mann.

- Verfallen Sie nicht in einen übertriebenen Nominalstil:
  Die Veruntreuung der Gelder führte zu einer Verurteilung des Mannes.

- Teilen Sie überlange Sätze in mehrere Einzelsätze auf.

Verständlichkeit und Satzlänge

Da die meisten Leser lange Sätze oft nicht oder nur schwer verstehen, hat sich eine Menge kluger Köpfe Gedanken über die „richtige" Satzlänge gemacht. Der Nachrichtendienst dpa hat die Obergrenze für eine optimale Verständlichkeit beispielsweise auf neun Wörter festgelegt. Die Obergrenze des Erwünschten liegt dort bei 20 und die Obergrenze des Erlaubten bei 30 Wörtern. Ähnlich sieht es bei den Tageszeitungen aus. Die durchschnittliche Satzlänge in der Bildzeitung liegt bei 12 Wörtern und in der WAZ bei 18 Wörtern. In der gesprochenen Sprache gelten 7 bis 14 Wörter als Obergrenze für eine bestmögliche Verständlichkeit.

Das rechte Wort

Begibt man sich auf das Feld der kulinarischen Verglei-
che, dann sind Verben eindeutig das Salz in der Sprach-
suppe. Setzen Sie lieber zu viele als zu wenige ein.
Allerdings reden wir hier von aktiven Vollverben (lau-
fen, springen, lachen usw.). Nicht oder nicht so oft einsetzen sollten Sie dagegen:

Passivkonstruktionen:

Falsch:
Der Beitrag wird angehoben.
Der Vertrag ist zu unterschreiben.

Richtig:
Wir heben den Beitrag an.
Sie müssen den Vertrag unterschreiben.

Hilfsverben (haben, sein, werden):

Falsch:
Der Mann hat eine Tasche.
Das ist ein interessanter Gegensatz.

Richtig:
Der Mann trägt eine Tasche.
Das bildet einen interessanten Gegensatz.

Infinitive (zu laufen, zu singen):

Falsch:
Sie hatte die Gewohnheit, ihm zu verstehen zu geben,
dass sie ihn für einen Trottel hielt.

Richtig:
Sie hatte die Gewohnheit, ihm deutlich zu zeigen, dass
sie ihn für einen Trottel hielt.

Funktionsverbgefüge:
    Falsch:
    Der Kunde will Verzicht leisten.
    Er legt ein Bekenntnis ab.

    Richtig:
    Der Kunde will verzichten.
    Er bekennt.

Statische Verben:
    Falsch:
    Papa liegt auf der Couch und Mama steht am Herd.

    Richtig:
    Papa lümmelt auf der Couch herum und Mama schuftet in der Küche.

Zeitformen des Verbs

Die Zeitformen des Verbs schränken den Autor weniger ein, als man oft meint. Häufig gelten mehrere Möglichkeiten grammatikalisch als richtig. In diesen Fällen sollten Sie die Zeitform wählen, die am wenigsten Hilfsverben enthält (weil besser lesbar) oder die am besten mit den Inhalten Ihres Textes korrespondiert. Also beispielsweise besser Präteritum (abgeschlossene Vergangenheit) statt Plusquamperfekt (Vorvergangenheit) oder Präsens (Gegenwartsform) statt Futur I (Zukunft). Hier eine kleine Übersicht der Zeitformen und ihrer Einsatzmöglichkeiten im Einzelnen:

Präsens

Verwenden Sie das Präsens, wenn das Geschehen von Ihrem Standpunkt aus schon oder noch abläuft:
Die Statistik zeigt die Entwicklung der letzten Jahre.

Oder anstelle des Futur I, wenn das Zukünftige des Geschehens deutlich ist:
Morgen kaufe ich mir ein Auto.

Sie können es auch als Ersatz für das Präteritum nutzen, um ein vergangenes Geschehnis lebendiger zu machen: *Da sitze ich gestern im Auto und warte darauf, dass die Ampel grün wird, als mir plötzlich jemand seine eiskalte Hand in den Nacken legt.*

Präteritum

Das Präteritum beschreibt eine in der Vergangenheit abgeschlossene Handlung und ist deshalb die Zeitform, die man üblicherweise in Erzählungen, Berichten und Nachrichten verwendet.

Bundeskanzler Mürkel vertagte die Sitzung und zog sich beleidigt in das Bundeskanzleramt zurück.

Im Rückspiel verlor der HSV 2:0 gegen die Borussen aus Dortmund.

Perfekt

Das Perfekt beschreibt ein Geschehen in der Vergangenheit, das aber einen Bezug zur Gegenwart besitzt – dadurch unterscheidet es sich vom Präteritum. Es wird deshalb unter anderem immer im ersten Satz einer Nachricht verwendet (um zu zeigen, dass ein Ereignis nach wie vor für den Leser relevant ist).

Bundeskanzler Mürkel hat seine Gummistiefel vergessen. (... und steht jetzt im Regen und bekommt nasse Füße)

Meine Nachbarn haben ihr Geschäft im Sommer eröffnet. (... und wir sind gerade dabei hineinzugehen)

Im gesprochenen Deutsch wird das Perfekt häufig auch als Ersatz für das Präteritum verwendet.

Plusquamperfekt

Das Plusquamperfekt, die Vorvergangenheit, bildet sich mit „hatte" oder „war" und dem 2. Partizip und gehört zu den sperrigen, also eher unschönen Verbformen.

Bundeskanzler Mürkel hatte das nicht gewusst.

Die Lüge war bereits erkannt worden.

Sobald Sie die zeitliche Abfolge zur Vergangenheit deutlich gemacht haben, können Sie stattdessen das Präteritum einsetzen, um die sperrige Verbkonstruktion zu umgehen.

Als ich ihn kennen lernte, war es bereits Hochsommer. Im Frühling hatte er noch den Rasen gemäht und die Bäume gefällt. Dabei [hatte] verletzte er sich am Finger [verletzt] und musste zum Arzt [gemusst]. Das [hatte] gefiel ihm natürlich gar nicht [gefallen].

Futur I

Das Futur beschreibt ein Geschehnis in der Zukunft und wird mit „werden" und dem Infinitiv des Verbs gebildet.

Bundeskanzler Mürkel wird im Untersuchungsausschuss aussagen.

Wenn die zeitliche Abfolge deutlich ist – zum Beispiel durch Angabe von Zeitwörtern, die in die Zukunft weisen (morgen, nächste Woche, bald usw.), kann man auch das Präsens einsetzen.

Morgen kommt er ins Gefängnis.

Subjekt und Verb sind Freunde

Achten Sie in allen Sätzen darauf, dass sich Ihr Verb nicht allzu weit vom Subjekt entfernt.

Falsch:

Der Generaldirektor der Firma Eschenbrock, die in den siebziger Jahren viele von den süßen Plüschtieren, mit denen wir als Kinder so gerne spielten, hergestellt hat, geht, anders als wir dachten, bereits im Herbst in den Vorruhestand.

Richtig:

Anders als wir dachten, geht der Generaldirektor der Firma Eschenbrock bereits im Herbst in den Vorruhestand. In den siebziger Jahren stellte die Firma viele von den süßen Plüschtieren her, mit denen wir als Kinder so gerne spielten.

Auch eine Verneinung sollte sein Verb nicht allein lassen.

Falsch:

Der Jäger tötete das Tier, ein Prachtexemplar seiner Spezies, das wild um sich biss und nicht zu bändigen war, schließlich doch nicht, weil sein Gewehr eine Ladehemmung hatte.

Richtig:

Weil sein Gewehr eine Ladehemmung hatte, tötete der Jäger das Tier schließlich doch nicht. Es handelte sich um ein Prachtexemplar seiner Spezies, das wild um sich biss und nicht zu bändigen war.

Größtenteils harmlos: Die Hauptwörter

Substantive (Hauptwörter) sind für den Autor gewöhnlich unproblematische Zeitgenossen. Schwierigkeiten bereiten allerdings – weil stilistisch unschön – schwerfällige Wortbildungen wie zum Beispiel „Inanspruch-nahme" oder „Nichtbefolgung" oder ein übertriebener Nominalstil, wie er häufig in amtlichen oder wissenschaftlichen Texten vorkommt.

Falsch:
Die Verbreitung der Verwendung von Substantivierungen führt leider oft zu Verwirrungen und Unverständlichkeiten.

Andererseits bringt eine nominale Ausdrucksweise zum Teil eine klarere begriffliche Gliederung mit sich und nominale Fügungen wie „zum Abschluss bringen" oder in „Erwägung ziehen" können gegenüber den einfachen Verben „abschließen" oder „erwägen" andere Bedeutungen oder Betonungen haben. Außerdem können sie in manchen Fällen eine Passivkonstruktion ersetzen (zur „Verteilung gelangen" anstatt „verteilt werden"). Dadurch bereichern sie unsere Ausdrucksmöglichkeiten, sind also nicht immer überflüssig oder austauschbar.

Besser lesen lässt sich aber grundsätzlich eine verbale Ausdrucksweise, weil sie lebendiger, anschaulicher und leichter verständlich ist. Gebrauchen Sie also Substantivierungen nicht allzu häufig und auch nur dann, wenn sie inhaltlich oder stilistisch in den Satz passen. Wenn Sie sich die Substantivierungen in Ihren Texten anschauen, merken Sie oft ganz schnell, welche überflüssig (und leicht ersetzbar) sind und welche offensichtlich so gut an dieser Stelle in den Satz passen, dass ein Austausch durch eine Verbalkonstruktion den Satz nicht besser machen würde.

Blähen Sie Verben zudem nicht unnötig zu Substantiven auf:

Falsch:
Die Kinder haben das Stück zur Aufführung gebracht.

Richtig:
Die Kinder haben das Stück aufgeführt.

Und benutzen Sie kurze (einfache) anstatt lange (komplizierte) Substantive:

Falsch:
Nehmen Sie doch dieses Sitzmöbel.
Er kaufte ein Postwertzeichen zu 60 Cent.

Richtig:
Nehmen Sie doch den Stuhl.
Er kaufte eine Briefmarke zu 60 Cent.

Kein Wort wie jedes andere

Verwenden Sie darüber hinaus nicht wahllos Synonyme (Wörter mit gleicher oder ähnlicher Bedeutung). Unsere Sprache leistet sich keinen überflüssigen Luxus und es gibt nur selten Dinge, die man tatsächlich mit unterschiedlichen aber gleich genauen Begriffen bezeichnen kann.

Falsch:
Der Elefant rannte in den Garten, wo der Jumbo in den Geranien herumtrampelte. Dann lief das dicke Rüsseltier weiter zum Haus. Dort starrten alle voller Angst auf den wilden Dickhäuter.

Richtig:
Der Elefant rannte in den Garten, wo er in den Geranien herumtrampelte. Dann lief er weiter zum Haus. Dort starrten [ihn] alle den Elefanten voller Angst an.

Ein Rüsseltier ist eben kein Elefant, sondern ein Oberbegriff für Tiere mit einem Rüssel (Tapir, Ameisenbär, Elefant usw.) und auch ein Dickhäuter ist nicht unbedingt ein Elefant, sondern ein Obergriff für Tiere mit einer dicken Haut (Nashorn, Nilpferd, Elefant usw.).

Gefährlich wird es auch, wenn Sie ein Synonym finden, das der Leser wohlmöglich gar nicht als solches erkennt, weil ihm hierzu das Hintergrundwissen fehlt.

Das französische Außenministerium berichtete über die Vorkommnisse. Obwohl das Quai d'Orsay [?] dieses Mal nicht an einen Zufall glaubt, ...

Verwenden Sie Synonyme also nur, wenn es inhaltlich oder stilistisch sinnvoll ist.

Der Jumbo rannte durch den Garten.
(Sie wollen den Elefanten verniedlichen, weil Sie zum Beispiel für Kinder schreiben)

Der Gehweg lud zum Flanieren ein, doch die französischen Badegäste verweilten nur kurz auf dem Trottoir.
(Sie berichten über französische Badeurlauber und wollen den Text stilistisch mit dem Inhalt verweben)

Misstrauen gegenüber dem Adjektiv

Angeblich hat Georges Clemenceau, Zeitungsverleger und später französischer Ministerpräsident, seine Redakteure angewiesen: „Bevor Sie ein Adjektiv hinschreiben, kommen Sie zu mir in den dritten Stock und fragen, ob es nötig ist." Es gehört also zu den Wörtern, die man bei der Kontrolle seines Textes kritisch begutachten sollte und oftmals verlustfrei streichen kann.

Adjektive sind nämlich oft überflüssig:
Der schwarze Rabe flog majestätisch über die Felder.
(Raben sind in der Regel schwarz)

oder unsinnig:
Er betreibt künstliche Intelligenzforschungen.
(er betreibt selbstverständlich Forschungen zur künstlichen Intelligenz)
oder übersteigert:

Das ist die optimalste Lösung des Problems.
(optimaler als optimal geht nicht)

oder umständlich:
Ich habe fünf Jahre berufliche Erfahrung.
(besser: Ich habe fünf Jahre Berufserfahrung)

oder aus der Marketingabteilung entwichen, wo sie die
Lieblinge der Werbetexter sind:

Testen Sie unseren leckeren Burger.
Fühlen Sie die angenehme Frische auf der Haut.

Sie können Adjektive aber problemlos dort einsetzen, wo
sie unterscheiden:

Auf dem Weg zur Haftanstalt trug Ex-Bundeskanzler
Mürkel einen braunen Anzug.
(und nicht einen schwarzen),

oder werten:
Das war ein miserables Spiel.

oder wenn Sie bewusst eine Eigenschaft eines Wortes
stärker betonen wollen:

In der pechschwarzen Nacht geschah plötzlich und bru-
tal der Überfall.
(um das Unvorhergesehene zu betonen)

In der weiß verschneiten Landschaft stachen die schwar-
zen Bäume wie verfaulte Zähne aus dem Boden.
(um den Unterschied weiß-schwarz hervorzuheben)

Füllwörter sind Lückenfüller

Verzichten Sie auf Füllwörter – auf diese Weise wird der Text entschlackt und dadurch verständlicher. Verwenden Sie sie ausschließlich, um damit eine bestimmte inhaltliche Absicht zu verbinden. Zum Beispiel wenn Sie eine Prise Ungeduld, Unsicherheit, Mitgefühl, Misstrauen, entschiedene Zustimmung oder Ablehnung beimengen wollen.

Falsch:
Das kommt ja nicht in Frage.
Offensichtlich hat der Arbeitgeber bereits versucht, die Verträge zu kündigen.

Richtig:
Das kommt nicht in Frage.
Der Arbeitgeber hat bereits versucht, die Verträge zu kündigen.

Typische Füllwörter sind beispielsweise:
halt, ja, schon, wohl, vielleicht, ziemlich, eben, natürlich, immerhin, mitunter, offenkundig, voll, eigentlich, etwa, gemeinhin, schlussendlich, überaus, wirklich und viele, viele mehr.

Analog zu den Adjektiven sollten Sie beim Kontrolllesen Ihres Textes alle Füllwörter streichen, wenn sie nicht tatsächlich eine sinnvolle Bedeutung haben.

Kreativ schreiben

Manche der in diesem Kapitel vorgestellten Tipps wird jeder sofort umsetzen können, für andere muss sich der Autor vorab etwas intensiver mit der aktuellen Schriftsprache auseinandersetzen. Beispielsweise kann jeder selbst prüfen, ob er ein Wort tausend Mal im Text wiederholt hat – das passiert übrigens öfter als man denkt. Schwerer ist es dagegen herauszufinden, ob man z. B. eine Wortgruppe durch eine ungewöhnlichere oder plakativere (aber ebenso zutreffende) ersetzen kann. Denn dazu muss man erst einmal beurteilen können, ob eine Wortgruppe „gewöhnlich" ist oder nicht.

Schließlich muss der Autor überlegen, ob der Aufwand zur Verbesserung des Textes im Einklang mit dessen Wichtigkeit steht. Eine kurze Nachricht an den Kollegen muss kein literarisches Kleinod sein. Andererseits liest JEDER lieber einen „flockigen" als einen „trockenen" Text – auch Ihr 70-jähriger Jura-Professor.

Zu jeder Profession gehört sicher auch eine individuelle Veranlagung. Das bedeutet aber nicht, dass man zwingend notwendig eine entsprechende Veranlagung benötigt, um für den Leser kurzweilig zu schreiben. Es gibt Techniken, wie Sie Texte aufpeppen und interessanter gestalten können. Um diese zu lernen und anzuwenden, müssen Sie kein (Schreib-)Genie sein.

Nicht allgemein, sondern ganz speziell

Je abstrakter ein Begriff ist, desto weniger anschaulich wirkt er. Bei einem Gefährt kann es sich um ein Fahrrad, einen Bollerwagen oder einen Kinderwagen handeln, bei einem Auto um einen Mercedes, einen Volvo oder einen Seat. Beschreiben Sie deshalb besser ganz genau, um welches Auto es sich handelt. Zum Beispiel Oma Ernas silberner Käfer, ein neuer Polizeibully oder ein schnittiger, schwarzer Porsche Carrera mit Heckflosse – darunter kann sich der Leser ganz konkret etwas vorstellen.

Und wenn Sie am Wochenende in der Natur umherwandern und vor lauter Tannen den Wald nicht sehen, dann machen Sie aus den Tannen nicht einfach wieder Bäume. Bringen Sie Ihrer Angebeteten auch keine schnöden Blumen mit zum Rendezvous, sondern einen wunderschönen Strauß mit roten Rosen. Und denken Sie gar nicht daran, einen Brief mit einem Stift zu schreiben – benutzen Sie stattdessen einen schwarzen Füller mit goldener Feder.

Bilder, Metapher und Analogien

Manche Wörter erzeugen ein schwaches Bild, andere ein starkes – finden Sie letztere:

Falsch:
Der Umsatz im Mai lag im unteren negativen Bereich.
Darüber hat sich Markus sehr gefreut.

Richtig:
Der Umsatz im Mai hat den Boden des Abgrunds fast erreicht.
Da ist Markus vor Freude im Zimmer herum gesprungen.

Aber aufgepasst: lassen Sie kein falsches Bild entstehen:

Falsch:
Die anderen hatten während des Spiels die Hose voll,
aber bei mir lief es ganz flüssig.

Nützlich sind auch Metaphern (bildhafte Gleichnisse), die dem Leser gewohnte Bilder liefern und die er deshalb leicht aufnehmen kann. Die Zimtzicke, der Bürohengst oder die Rabeneltern lösen beim Leser umfangreiche inhaltliche Vorstellungen aus, ohne dass der Autor sie

weiter erklären muss. Sie gehören zum kollektiven Ge-
dächtnis und man kann sie deshalb leicht abrufen – in-
klusive der damit verbundenen unterschwelligen
Gefühlslagen. Besonders effektiv und gern genutzt sind
Metaphergruppen, die beispielsweise Analogien zur
Familie oder zur Schifffahrt herstellen:

*Vater des Erfolgs war Bundeskanzler Mürkel, der das
Land trotz des unruhigen weltwirtschaftlichen Kurses
wieder in ruhige Gewässer gesteuert hat.*

Abwechslungsreiche Wörter

Zuerst die gute Nachricht: Laut der Online-Enzyklopädie
Wikipedia umfasst der deutsche Wortschatz je nach
Quelle und Zählweise zwischen 300.000 und 500.000
Wörter. Der Duden „Die deutsche Rechtschreibung"
enthält immerhin 130.000 Stichwörter, der Wortschatz
der deutschen Standardsprache kommt auf etwa 75.000
Wörter. Theoretisch kann also jeder Autor so richtig aus
dem Vollen schöpfen. In der Praxis sieht das allerdings
anders aus. Tatsächlich verfügt ein durchschnittlicher
Sprecher nur über etwa 8.000 bis 10.000 Wörter. Um
anspruchsvollere Texte zu verstehen (Zeitschriften, Zeitungen, Klassiker), benötigt man 4.000 bis 5.000 Wörter.
Einfache Boulevardzeitungen nutzen einen Wortschatz
von etwa 400 Wörtern und in den neuen Kommunikati-
onsbereichen (Chat, SMS, ...) kann sich der erfahrene
Nutzer bereits mit 100 bis 200 Worten durchschlagen.
Da stellt sich stilistisch doch eine gewisse Langeweile
ein. Versuchen Sie deshalb, diese sprachverödene Einbahnstraße zu verlassen, und machen Sie sich auf die
Suche nach den deutschen Wortjuwelen – schließlich
heißt es ja Wortschatz.

Subjekt – Prädikat – Objekt

Sprachwissenschaftler teilen Sprachen danach ein, wie
man Subjekt (S), Objekt (O) und Prädikat (P) in einem
einfachen Aussagesatz anordnet, der nur aus diesen drei

Bestandteilen besteht. Im Deutschen gilt dabei die Struktur SPO.

Bundeskanzler Mürkel lutschte ein Bonbon.

Sätze mit dieser Struktur versteht der Leser in der Regel am leichtesten, und Sie sollten diese deshalb insbesondere in inhaltlich schwierigen Texten oder Sätzen verwenden. Durch eine klare Satzstruktur erleichtern Sie dem Leser das Verständnis des Textes. Das bedeutet nicht, dass andere Satzstrukturen grammatikalisch falsch sind. Tatsächlich kann man in der Satzstruktur ganz bewusst vom gewohnten Schema abweichen, um den Text dadurch stilistisch abwechslungsreicher zu gestalten bzw. bestimmte inhaltliche Schwerpunkte zu setzen. Sie müssen dann aber darauf achten, dass der Text dadurch nicht unverständlich oder unleserlich wird.

Mit hochroten Kopf und pfeifenden Atemgeräuschen [!] sank Bundeskanzler Mürkel zu Boden, weil ihm vor Schreck das Bonbon im Hals stecken geblieben war.

Zahlen verbildlichen

Unter vier Kühen können sich die meisten Leser ziemlich genau etwas vorstellen. Auch acht Autos, zwanzig Flaschen Wein oder sechs Dauerlutscher bereiten selten Probleme. Anders sieht es mit sehr kleinen bzw. sehr großen Zahlen und selten genutzten Maßen aus. Angaben wie 0,00045 Sekunden, 4 Trilliarden Tonnen oder 20 Hektoliter hinterlassen bei den meisten Lesern eine gewisse Ratlosigkeit. Anschauliche Bilder oder Beispiele können oft Abhilfe schaffen:

Der Acker war so groß wie 10 Fußballfelder.

Aufeinander gestapelt ergibt sich ein Turm, der bis zum Mond reichen würde.

In dieser Zeit können Sie nicht einmal mit den Augen blinzeln.

Bilder oder Phrasen mal anders

Bilder und Phrasen beleben den Text und machen ihn dadurch lesenswerter. Das haben allerdings auch schon andere Autoren bemerkt und manche Redewendungen lachen einen mittlerweile in jedem zweiten Text an. Durch eine leichte Verfremdung gerade der altbekannten Phrasen können Sie die Aufmerksamkeit des Lesers wieder erhöhen.

Wer abgenutzte Zitate verwendet, den bestraft das Leben.

Gute Seiten, schlechte Seiten.

Nichts übertreiben

Achten Sie darauf, Stilmittel nur sparsam einzusetzen, da Ihr Text ansonsten aufgesetzt und gestelzt wirkt. Ein hohes Maß an Aufmerksamkeit lässt sich erzielen, wenn man die Erwartungen der Leser an den Text mäßig „verletzt".

Das geht gar nicht

Es gibt sichere Wege, den Leser zu langweilen, zu ver-
wirren oder zu verärgern – beschreiten Sie diese Wege
besser erst gar nicht.

Vorsicht Ironie

Nur sehr selten verstehen wirklich alle Leser eine ironi-
sche Bemerkung in einem Text. Verzichten Sie also
besser darauf, auch wenn Sie es noch so lustig fänden.

*Das hat Bundeskanzler Mürkel ja wieder richtig gut
hinbekommen.*
(äh, jetzt in echt?)

Wortwiederholungen vermeiden

Nutzen Sie Wortwiederholungen nur dann, wenn Sie das
entsprechende Wort als Strukturierungshilfe für Ihren
Text verwenden – sich der Leser an dem Wort gewis-
sermaßen durch den Text entlanghangeln kann. Ansonsten achten Sie beim Korrekturlesen darauf, möglichst
alle Wortwiederholungen zu ersetzen bzw. erst in einem
gewissen Textabstand (drei oder vier Sätze weiter) wieder einzusetzen. Suchen Sie bei Substantiven aber nicht
krampfhaft nach Synonymen, die das betreffende Wort
letztendlich in Intensität, Bedeutungsumfang, Stilebene
und Bewertung doch nicht ersetzen können.

Falsch:
*Ich zielte mit der Pistole auf seinen Kopf und sagte:
„Nimm die Hände hoch". Aber er beachtete die Pistole
gar nicht und raffte weiter den Schmuck aus der Vitrine.
Da nahm ich die Pistole am Lauf und schlug sie ihm auf
den Kopf.*

Fachchinesisch

Denken Sie daran, dass Ihre Leser nicht immer über das Hintergrundwissen und das entsprechende Fachvokabular verfügen, das Sie sich beispielsweise während einer Recherche angeeignet haben. Gebrauchen Sie Fachausdrücke nur, wenn Sie sicher davon ausgehen können, dass Ihr Leser sie auch versteht. Verwenden Sie Fachchinesisch also ausschließlich für Fachchinesen!

Fremdwörter und Anglizismen

Lateinische (Sprich-)Wörter im Text zu verwenden, wirkt schon lange nicht mehr intellektuell, sondern eher peinlich. Das ist bei den meisten Autoren auch angekommen. Leider gelingt nicht allen der Zirkelschluss zu heutigen (Mode-)Anglizismen, für die dasselbe gilt. Dabei können die meisten Deutschen sowieso nicht viel mit ihnen anfangen. Eine repräsentative Studie der Endmark AG hat beispielsweise herausgefunden, dass die Mehrheit der Bundesbürger englische Werbeslogans entweder gar nicht oder zumindest nicht im Sinne des Absenders versteht. Den Siemens-Mobile-Slogan „Be inspired" konnten gerade einmal 15 Prozent korrekt übersetzen, den RWE-Slogan „One Group. Multi Utilities." sogar nur 8 Prozent. Das bedeutet nicht, dass Sie Fremdwörter grundsätzlich vermeiden sollten. Wenn sie allgemein verständlich, treffender oder nicht ersetzbar (Fachsprache!) sind, spricht nichts gegen ihren Einsatz – beispielsweise bei Long Drink (alkoholhaltiges Mixgetränk), Sex (Geschlechtsverkehr), Poster (Plakat), Mumie (Dörrleiche) oder E-Mail (elektronischer Brief). Falls Sie sich nicht sicher sind, ob wirklich jeder Leser Ihrer Zielgruppe das Fremdwort verstehen wird, sollten Sie es besser beim ersten Einsatz kurz (z. B. in Klammern) erläutern:

Die Zillmerung (Deckungskapital-Berechnungsformel der traditionellen Versicherungsmathematik) steht heute auf dem Prüfstand.

Schauen Sie doch einfach bei jedem Fremdwort im Fremdwörterbuch nach, ob die deutsche Übersetzung oder Erklärung nicht (mindestens) genau so gut passt.

Abgenutzte Zitate und Sprüche

Wer zu spät kommt, den bestraft bekanntlich das Leben – und zwar so bekanntlich, dass sich der Einsatz dieses Zitats von selbst verbietet. Die meisten Leser wissen mittlerweile auch, dass das Recht mit Füßen getreten wird, an vielen Dingen der Zahn der Zeit nagt und die Bienchen besonders fleißig sind.

Verneinungen

Der Leser benötigt wesentlich mehr Zeit, eine verneinende Aussage zu verstehen als eine bejahende. Versuchen Sie also Negationen zu vermeiden.

Falsch:
Der Fabrikbesitzer ist unvermögend.
Ich kann mich nicht erinnern.

Richtig:
Der Fabrikbesitzer ist arm.
Ich habe es vergessen.

Das gilt insbesondere für doppelte Verneinungen:

Falsch:
Der Fabrikbesitzer ist nicht unvermögend.

Richtig:
Der Fabrikbesitzer ist reich.

Ein Wort zur indirekten Rede

Indirekte Rede steht im Konjunktiv I, wenn dessen Formen eindeutig sind. Stimmt er aber mit dem Indikativ Präsens überein, verwendet man stattdessen den Konjunktiv II.

Direkte Rede:

Ralf sagte: „Meine Eltern sind gestern nicht zu Hause gewesen. Sie haben den Abend bei Freunden verbracht.“

Indirekte Rede

Seine Eltern seien gestern nicht zu Hause gewesen. Sie hätten [nicht „haben“, weil das mit dem Indikativ Präsens übereinstimmt] den Abend bei Freunden verbracht.

Da aber leider der Konjunktiv I abgesehen von der 3. Person Singular (er lese, es gebe, sie möge usw.) und den Formen von „sein“ meist mit dem Indikativ Präsens übereinstimmt, hier noch ein kleiner Tipp für alle, die sich mit den Konjunktivformen nicht so gut auskennen: Sie können die indirekte Rede umgehen, indem Sie abhängige Sätze mit Einleitewort bilden, die die grammatikalische Abhängigkeit ausreichend darstellen:

Ralf sagte, dass seine Eltern gestern nicht zu Hause gewesen sind. Er erzählte uns, dass sie Freunde besucht haben.

Verwenden Sie direkte Rede, wenn Sie präzise einen Wortlaut wiedergeben wollen, indirekte Rede, wenn Sie den Sinn oder längere Sinnzusammenhänge wiedergeben wollen. Aber Achtung: Indirekte Rede trennt nicht immer deutlich zwischen eigener und fremder Rede. Stellen Sie sicher, dass insbesondere eine wertende Wortwahl sprachlich korrekt zugewiesen wird:

Bundeskanzler Mürkel sagte: „Ich kenne dieses Pack ganz genau.“

Falsch:
Bundeskanzler Mürkel sagte, er kenne dieses Pack ganz genau.

Richtig:
Bundeskanzler Mürkel sagte, er kenne dieses „Pack" ganz genau.

Mit den Anführungszeichen machen Sie noch einmal ausdrücklich klar, dass die Bezeichnung „Pack" nicht von Ihnen stammt.

Schreiben für Redaktionen

Die Redaktionen von Zeitungen, Magazinen oder der Kommunikationsabteilungen in Unternehmen sind im Laufe der letzten Jahre geschrumpft und geschrumpft. Eingereichte Texte werden oft nur eins zu eins übernommen, für eine intensive redaktionelle Überarbeitung fehlt meist die Zeit. Wenn Ihnen das nicht gut genug ist, müssen Sie selbst aktiv werden – schließlich präsentieren Sie sich einem großen Leserkreis. An dieser Stelle deshalb einige zusätzliche Hinweise für das journalistische Schreiben.

Das muss ich wissen

Wenn viel passiert in der Welt, findet sich leicht ein Aufhänger für einen Text: Es ist das Aktuelle, das Neue. Dafür interessiert sich in der Regel jeder. Allerdings muss es hierbei nicht immer um harte Fakten gehen. Es gibt darüber hinaus noch viele andere Dinge, für die sich Ihre Mitmenschen interessieren und die eine Nachricht wert sind.

Harte Nachrichten

(Ereignisse, Studien, Vorfälle usw.)
Panzer sind gestern bis in die Innenstadt vorgedrungen.

Weiche Nachrichten

(Leserinteresse):
Apothekenblatt: Das neue Schmerzmittel ist nun auch im Doppelpack erhältlich.

Nähe

Baustelle an der Ecke Mürkelstraße: Autofahrer müssen mit Staus rechnen.

Konsequenzen
> *Rotsünder müssen ab sofort mit drei Punkten in Flensburg und mindestens 500 Euro Geldbuße rechnen.*

Prominenz
> *Bundeskanzler Mürkel fällt bei Ausflug im Tretboot in den Teich.*

Aktualität
> *Das Wetter: Für morgen erwarten die Meteorologen Temperaturen um 20°.*

Personalisierung
> *Oma Lieschen wird hundert Jahre alt.*

Trends
> *Laptop war gestern, PDA ist morgen.*

Tatsächlich erscheinen Zeitschriften oder Zeitungen nicht immer dann, wenn die Welt ausreichend Informationen für eine neue Ausgabe bereitstellt, sondern zu den festgesetzten Erscheinungsterminen. Und was machen Sie, wenn Ihr Auftraggeber oder Ihr Chef ein wiederholtes Mal auf bestimmte Informationen aufmerksam machen will, die Sie aber schon (mehrfach) an Ihre Leser kommuniziert haben? In diesen Fällen müssen Sie neue Schläuche für den alten Wein finden. Rasseln Sie nicht die altbekannten Sachverhalte herunter, sondern suchen Sie sich einen neuen Aufhänger und garnieren Sie ihn mit den alten Zutaten.

Die Zeitform der Nachricht ist übrigens das Imperfekt (abgeschlossene Vergangenheit). Nur der Einleitungssatz steht im Perfekt, um grammatikalisch den Bezug der Nachricht zur Gegenwart zu verdeutlichen.

Falsch:
Der FC Bayern München verlor das Eröffnungsspiel der Fußballbundesliga gegen Borussia Dortmund mit 1:3.

Richtig:
Der FC Bayern München hat das Eröffnungsspiel der Fußballbundesliga gegen Borussia Dortmund mit 1:3 verloren.

Mit den vier großen T des Boulevard-Journalismus „Titten, Tränen, Tote, Tiere" stoßen Sie übrigens mit Sicherheit auf Interesse. Inwieweit Sie diese „natürlichen Anmacher" nutzen wollen, bleibt letztlich Ihrem ethischen Empfinden überlassen ...

Bilder beleben

Optische Eindrücke bilden für den Menschen den wesentlichen Sinnesreiz. Auf einer Seite mit Text- und Bildbeiträgen wird das Auge in der Regel zuerst beim Bild hängen bleiben. Außerdem sagt es bekanntlich mehr als tausend Worte – das bedeutet aber nicht, dass man es nicht doch erklären muss. Jedes Bild benötigt deshalb eine Bildunterschrift.

Das Bild sollte den spezifischen Gedanken des Artikels erfassen und aktuell sein. Die dazugehörige Bildunterschrift soll wiedergeben, was auf ihm zu sehen ist – also nicht etwa das, was aus Sicht des Journalisten zu sehen sein sollte. Außerdem hat die Bildunterschrift eine Scharnierfunktion: Sie leitet vom Bild in den Text. Andererseits darf die Bildunterschrift nicht alle wichtigen Informationen des Artikels enthalten, weil sie ansonsten den eigentlichen Text überflüssig macht. Grafisch muss die Bildunterschrift nicht, wie der Name nahelegt, unbedingt unter dem Bild stehen. Sie sollte aber zumindest so gestaltet sein, dass der Leser sie auf den ersten Blick dem richtigen Bild zuordnen kann.

Wenn Sie beispielsweise aus Kostengründen kein passendes Bild zur Hand haben, aus gestalterischer Sicht ein Bild aber notwendig ist, kann man meiner Meinung nach auf eine Bildunterschrift verzichten, um nicht ins Banale zu verfallen. Beispiel: Sie schreiben einen Text über eine neue Reisegepäckversicherung. Das einzige in Frage kommende Bild in Ihrer kleinen Bilddatenbank zeigt einen Sonnenuntergang an einem Strand. In diesem Fall würde ich es vorziehen, das Bild unkommentiert als Illustration mit gedankenverbindendem Charakter zu verwenden, als eine Bildunterschrift zu wählen wie:

Schöne Sonnenuntergänge sind oft das Highlight des Urlaubs.
(was hat das mit der Versicherung zu tun?)

oder krampfhaft einen Zusammenhang zum Text hinzubiegen:

Auch wenn Sie an einem solchen Strand kein Gepäck benötigen, ohne eine Reisegepäckversicherung sollten Sie sich niemals auf den Weg in den Süden machen.

Aber über diesen Punkt gehen die Ansichten auseinander und im Zweifelsfall sind Sie mit einer Bildunterschrift auf der sicheren Seite – wenn für diese Problematik nicht sowieso jemand bestimmte Richtlinien festgelegt hat.

Ganz oben ist die Luft dünn

Neben dem Bild reizt den Leser vor allem die Überschrift bzw. die Schlagzeile dazu, in den Text einzusteigen. Sie muss den Artikel auf den Punkt bringen, ohne aber am Inhalt zu „kleben". Sie soll plakativ sein und die Neugier des Lesers wecken – sie hat Werbefunktion. Wenn er nicht anbeißt, war alle Mühe vergebens und Ihr Text bleibt ungelesen. Da der Leser meistens nicht alle Beiträge einer Zeitung oder Zeitschrift liest, und die

Konkurrenz nicht schläft, sollten Sie auf die Gestaltung des Titels entsprechendes Augenmerk legen.

Um mehr Raum für den Werbecharakter der Überschrift zu erhalten, können Obertitel hilfreich sein. Sie ergänzen die Überschrift und schaffen Freiräume, weil sie wichtige (aber langweilige) Infos vorwegnehmen. Da sie nicht immer vom Leser beachtet werden, sollten sie allerdings keine Hauptaussage enthalten. Sie sollten kurz und bündig sein und nicht im Gegensatz und auch nicht in Konkurrenz zum Titel stehen.

Falsch:
Weniger Geld für Sozialleistungen
Staatshaushalt 2015 verabschiedet

Richtig:
Staatshaushalt 2015
Die Armen gehen leer aus

Es besteht hier immer die Gefahr, dass ein Autor über das Ziel hinausschießt und Schlagzeilen wählt, die den Leser zwar zum Einstieg in den Text animieren, die aber Erwartungen wecken, die der Artikel nicht halten kann. Der Leser fühlt sich dann (zurecht) betrogen und er wird den Text verlassen, sobald er den „Betrug" bemerkt.

Untertitel bilden eine weitere Möglichkeit, die Überschrift zu ergänzen – sie sind allerdings weniger verbreitet. Untertitel können zusätzliche Informationen erhalten oder weiter in das Thema einführen. Sie sind meist länger als der Obertitel und manche Zeitungen oder Zeitschriften verwenden sie als Ersatz für den Vorspann.

Vom Brief zur E-Mail

Eigentlich sollen E-Mails die Büroarbeit wesentlich erleichtern. Wie bei den meisten neuen Techniken gibt es allerdings auch in diesem Fall Risiken und Nebenwirkungen. Doch leider fehlt die Packungsbeilage und Arzt oder Apotheker werden Ihnen ebenfalls nicht weiterhelfen. Deshalb an dieser Stelle eine kurze Übersicht mit den wichtigsten Tipps und Hinweisen zum elektronischen Brief.

Der Betreff soll treffen

„RE RE RE Anfrage zum Hauptthema der Referatsrunde in der letzten Woche"
(äh, letzte Woche? Was war da noch mal?)

Beispiele dafür, wie man es besser nicht macht, finden Sie in Ihrem Postkorb sicher zuhauf. Dabei ist es doch ganz einfach: In der Betreffzeile informieren Sie den Empfänger kurz und präzise über den wesentlichen Inhalt der E-Mail. So kann dieser entscheiden, ob er die Mail sofort liest, sie zur Seite legt oder einfach löscht. Falls Sie eine schnelle Antwort benötigen, sollten Sie darauf hinweisen:

Falsch:
Betreff: Zahlen für TGoB2

Richtig:
Betreff: Jahresabschluss 2010: Wo kann ich die Zahlen für TGoB2 finden? Benötige das Material bis Mittwoch!

Falls Sie auf eine Mail antworten, greifen Sie am besten das Hauptthema der Ursprungs-Mail kurz auf und fügen den aus Ihrer Sicht wesentlichen Punkt hinzu. Am Anfang des Betreffs bleibt das automatisch hinzugefügte

RE stehen. Damit ist klar, dass es sich um eine Antwort auf eine Mail handelt.

Richtig:
Betreff: RE Zahlen für TGoB2 – leider nicht mein Bereich, Herr Schmidt kann vielleicht helfen?

Wichtig, wichtig, wichtig

Mail-Programme bieten die Möglichkeit, Mails mit verschieden gekennzeichneten Prioritäten zu versenden (Ausrufungszeichen!). Sie sollten diese Option nur sehr sparsam verwenden. Wenn Sie den Großteil Ihrer Mails mit der Priorität „hoch" verschicken, wird das nämlich nach einiger Zeit keiner mehr ernst nehmen.

Die unsichtbare Hand

E-Mails bieten den Vorteil, dass sie gleichzeitig an mehrere Adressaten versendet werden können.

An:
Hier tragen Sie den oder die Hauptempfänger ein. Von diesen erwarten Sie, dass sie auf Ihre E-Mail reagieren bzw. Sie gehen sicher davon aus, dass die Adressaten die Informationen der E-Mail nun kennen.

Cc:
Die E-Mail geht zur Kenntnis an die „Nebenempfänger". Wenn sie die Infos erhalten, ist das prima, aber es hat auch keine Folgen, wenn die E-Mail direkt in den Papierkorb wandert.

Bcc:
Adressaten, die hier eingetragen sind, können von den anderen Empfängern nicht gesehen werden. Das ist hilfreich, wenn Sie beispielsweise ein Angebot von mehreren Geschäftspartnern einholen wollen und nicht wünschen, dass diese von einander erfahren. Auch bei sehr langer Verteilerliste ist die Bcc-Funktion nützlich,

da die Adressaten bei den Empfängern nicht im Kopf der Mail erscheinen, also auch beim Ausdruck wegfallen.

Kurz und höflich

E-Mails sollten sich durch einen kurzen und knappen Stil auszeichnen. Das bedeutet allerdings nicht, ganz auf Höflichkeitsformeln und einen netten Umgangston zu verzichten. Sich im ersten Satz für eine erhaltene Mail zu bedanken oder durch eine persönliche Ansprache eine positive Atmosphäre zu schaffen, kann auch in einer elektronischen Nachricht nicht schaden. Wenn diese Höflichkeit zu reiner Floskel wird, wie zum Beispiel im Callcenter, oder es einfach nicht Ihrem Stil entspricht, sollte man allerdings besser darauf verzichten.

Richtig:
Hallo Frau Meier,

vielen Dank für die Zahlen zum 2. Quartal. Leider benötige ich jetzt auch noch die Zahlen fürs 3. Quartal. Schaffen Sie das noch? Ansonsten wünsche ich Ihnen einen schönen Urlaub in der nächsten Woche.

Viele Grüße
Hans Hase

Zitieren macht das Leben einfach

Man kann zur E-Mail stehen, wie man will: Sie hat zumindest einen entscheidenden Vorteil. Dank Copy & Paste (kopieren und einsetzen) können Sie Wörter, Sätze oder ganze Textstellen im Bruchteil einer Sekunde duplizieren. Manche meinen es allerdings zu gut und zitieren gleich die ganze E-Mail. Bei sehr kurzen E-Mails mag das gerade noch in Ordnung gehen, bei längeren ist es dagegen eine Zumutung für den Leser. Es gilt also durch geschicktes Herauspicken der wesentlichen Inhalte die Grundlage für die eigene Antwort zu wählen. Die entsprechenden Stellen werden dann kopiert, mit einer

Kennzeichnung am Anfang jeder Zeile vorangestellt (meist ein „>") und direkt beantwortet.

Richtig:
>Leider benötige ich jetzt auch noch die Zahlen fürs
>3 Quartal. Schaffen Sie das noch?

Klar, kein Problem. Ich melde mich morgen dazu.

Klein und Groß

Verwenden Sie auch in Mails die in Deutschland übliche Groß- und Kleinschreibung. Wörter oder ganze Sätze in Großbuchstaben zu schreiben, ist im Internet gleichbedeutend mit Schreien. Vermeiden Sie auch eine durchgängige Kleinschreibung. Die ist schlecht zu lesen und außerdem werden Sie manche Menschen dann für eine Art Analphabeten halten.

Kürzel und lustige Emoticons

Es gibt Kürzel, die kennt jeder. Und es gibt Kürzel, die kennt nicht jeder. Wenn Sie sich also nicht 100-prozentig sicher sind, zu welcher Sorte Mensch Ihr Leser gehört, verzichten Sie besser auf Kürzel. Gleiches gilt natürlich für die beliebten Emoticons. Wenn man eines von Ihnen zum millionsten Mal in seiner Mail findet, ist es übrigens auch nicht mehr ganz so lustig.

Förmliches und Formatiges

Halten Sie Ihre Mails so einfach wie möglich und verzichten Sie auf Spielereien. Das gilt grundsätzlich für alle Texte. Nicht jeder Empfänger kann mit seinem E-Mail-Programm HTML-Mails empfangen. Zudem können diese Viren und Trojaner transportieren und auf fremden Rechnern aktivieren. Wenn Sie nicht genau wissen, bis zur welchen Größe die Mail-Server des Empfängers Dateien empfangen können, fragen Sie am besten vorab nach – üblich sind zwischen fünf und zehn MB. Ans Ende der Mail gehört schließlich noch Ihre

Signatur, die Postanschrift und Telefonnummer enthalten sollte. Mit letzterer kann man seinen Ansprechpartner übrigens oft persönlich erreichen: Eine direkte Rückmeldung vereinfacht die Kommunikation ungemein. So kommen weniger Missverständnisse zustande, vertrauliche Dinge können nicht „zufällig" weitergeleitet werden und Unstimmigkeiten oder Fehler schwirren nicht endlos in den elektronischen Datenbahnen umher.

Ganz am Ende

Für alle, die beim Krimilesen immer die letzte Seite zuerst aufschlagen, hier die Zusammenfassung und Kurzanweisung:

- Stellen Sie sich auf Ihre Zielgruppe ein.
- Beachten Sie die Nachrichten-/Berichtstruktur (das Wichtigste an den Anfang, falls passend Ein- und Ausstieg).
- Fügen Sie regelmäßig Absätze mit Zwischenüberschriften ein.
- Verwenden Sie abwechselnd mäßig kurze und mäßig lange Sätze.
- Benutzen Sie aktive Vollverben.
- Streichen Sie überflüssige Füllwörter, Adjektive, Fremdwörter, Synonyme usw.
- Lagern Sie alles in Grafiken oder Kästen aus, was für Ihre Argumentation nicht wesentlich ist.
- Lassen Sie Ihren Text gegenlesen.
- Lassen Sie Ihren Text noch einmal gegenlesen.

Notizen